L'ÉVANGÉLIAIRE

DE

SAINT-VAAST D'ARRAS

ET

LA CALLIGRAPHIE FRANCO-SAXONNE

DU IXe SIÈCLE

PAR

LÉOPOLD DELISLE

PARIS
H. CHAMPION, LIBRAIRE
QUAI VOLTAIRE, 9
1888

L'ÉVANGÉLIAIRE

DE

SAINT-VAAST D'ARRAS

ET

LA CALLIGRAPHIE FRANCO-SAXONNE

DU IXe SIÈCLE

PAR

LÉOPOLD DELISLE

PARIS
H. CHAMPION, LIBRAIRE
QUAI VOLTAIRE, 9
1888

A MES SAVANTS AMIS

E. A. BOND   E. M. THOMPSON
DIRECTEUR   CONSERVATEUR DES MSS.

DU MUSÉE BRITANNIQUE

SOUVENIR D'AFFECTION ET DE GRATITUDE.

23 février 1888.

L. DELISLE.

L'ÉVANGÉLIAIRE DE SAINT-VAAST D'ARRAS

ET

LA CALLIGRAPHIE FRANCO-SAXONNE

DU IXe SIÈCLE.

Le manuscrit 1045 de la bibliothèque d'Arras, que, grâce à la complaisance du conservateur M. Wicquot, j'ai pu attentivement étudier à la Bibliothèque nationale, est un volume en parchemin, haut de 276 millimètres et large de 140. Il consiste en 56 feuillets, y compris les deux feuillets de garde qui sont reliés au commencement et sur lesquels il n'y a rien d'écrit. Il contient les évangiles des principales fêtes de l'année, remonte au IXe siècle et provient de l'abbaye de Saint-Vaast, où il a jadis porté la cote Q. 14.

Le premier cahier (fol. 3-6) est uniquement consacré à la table du volume. La première et la dernière page en sont restées blanches. Sur chacune des six autres pages on a peint une double arcade, supportée par trois colonnes très grêles, dont le style rappelle celui des canons de plusieurs livres d'évangiles de l'époque carlovingienne. De ces douze arcades, sept ont servi à recevoir la copie de la table; les cinq autres n'ont jamais été remplies. La table indique les trente-quatre évangiles dont le texte devait se trouver dans le livre; elle est tout entière écrite en capitales rustiques; chaque article de la table se compose d'un numéro d'ordre, de la désignation de la fête, du nom de l'évangéliste auquel appartient le morceau qui formait l'évangile de la fête et des premiers mots de ce morceau. Les premiers mots sont en lettres d'or, le reste en rouge. Voici la copie de la table. Les mots imprimés en italiques représentent ce qui est tracé en or dans le manuscrit. Les chiffres qui sont entre parenthèses à la fin de chacun des vingt premiers articles renvoient aux feuillets correspondants de l'évangéliaire.

In Dei nomine incipiunt capitula libri sequentis.

Cap.[1] I. In nativitate Domini. Evangelium secundum Johannem. *In principio erat.* (Fol. 7.)

Cap. II. In natali[2] sancti Stephani. Evangelium secundum Matheum. *Ecce ego mitto.* (Fol. 10 v°.)

Cap. III. In natal. sancti Johannis evangeliste. Evangelium secundum Johannem. *Dixit Jhesus Petro.* (Fol. 12 v°.)

Cap. IIII. In natal. Innocentum. Evangelium secundum Matheum. *Angelus Domini apparuit.* (Fol. 14 v°.)

Cap. V. In octavas[3] Domini. Evangelium secundum Lucam. *Postquam consummati.* (Fol. 17.)

Cap. VI. In epyphania. Evangelium secundum Matheum. *Cum natus esset Jhesus.* (Fol. 18 v°.)

Cap. VII. In octavas Epyphanie. Evangelium secundum Johannem. *Vidit Johannes Jhesum.* (Fol. 22.)

Cap. VIII. In natali sanctorum Fabiani et Sebastiani. Evangelium secundum Lucam. *Descendens Jhesus de monte.* (Fol. 24.)

Cap. VIIII. In natali sanctae Agnae. Evangelium secundum Matheum. *Simile est regnum caelorum ho.*[4] (Fol. 26.)

Cap. X. In purificatione sanctae Mariae. Evangelium secundum Lucam. *Postquam impleti.* (Fol. 28 v°.)

Cap. XI. In natali sanctae Agathae. Evangelium secundum Johannem[5]. *Simile est regnum caelorum decem.* (Fol. 31.)

Cap. XII. In nat. sancti Vedasti. Evangelium secundum Matheum. *Homo quidam peregre.* (Fol. 33.)

Cap. XIII. In caena Domini. Evangelium secundum Johannem. *Ante diem festum.* (Fol. 37.)

Cap. XIIII. Sabbato sancto Paschae. Evangelium secundum Matheum. *Vespere autem sabbati.* (Fol. 40.)

Cap. XV. Dominica sancta. Evangelium secundum Marcum. *Maria autem Magdalenae.* (Fol. 43.)

Cap. XVI. Dominica octavarum Paschae. Evangelium secundum Johannem. *Cum esset sero die.* (Fol. 45.)

Cap. XVII. In Ascensione Domini. Evangelium secundum Marcum. *Recumbentibus.* (Fol. 47.)

Cap. XVIII. Sabbato Pentecostes. Evangelium secundum Johannem. *Si diligitis me.* (Fol. 49.)

Cap. XVIIII. Dominica Pentecostes. Evangelium secundum Johannem. *Si quis diligit me.* (Fol. 51 v°.)

Cap. XX. Dominica octavarum Pentecostes. Evangelium secundum Johannem. *Erat homo ex Phariseis.* (Fol. 54.)

Cap. XXI. In natali sancti Johannis. Evangelium secundum Lucam. *Elisabeth impletum.*

Cap. XXII. In natali sancti Petri. Evangelium secundum Matheum. *Venit Jhesus.*

Cap. XXIII. In natali sancti Pauli. Evangelium secundum Matheum. *Dixit Symon Pet.*

Cap. XXIIII. In natali sancti Benedicti. Evangelium secundum Matheum. *Dixit Symon.*

Cap. XXV. In natali sancti Laurentii. Evangelium secundum Johannem. *Amen, amen, dico vobis.*

Cap. XXVI. In adsumptione sanctae Mariae. Evangelium secundum Lucam. *Intravit Jhesus.*

Cap. XXVII. In natali sanctae Mariae. Evangelium secundum Lucam. *Exurgens Maria.*

Cap. XXVIII. In exaltatione sanctae Crucis. Evangelium secundum Johannem. *Erat homo.*

---

1. Ce mot est écrit *capitulo* en toutes lettres aux fol. 17, 33, 36 v° et 49 du manuscrit.
2. Ce mot est toujours écrit en abrégé *nat.* ou *natal.*
3. Le mot est écrit en toutes lettres au fol. 17.
4. Le ms. porte bien HO; mais le texte de l'évangile donne la leçon THESAURO.
5. Le mot JOHANNEM a été mis par erreur au lieu de MATHEUM.

Cap. XXVIIII. In dedicatione basilicae saucti Michahelis. Evangelium secundum Matheum. *Accesserunt ad Jhesum.*
Cap. XXX. In natali sancti Vedasti. Evangelium secundum Mattheum. *Misit Jhesus XII discipulos.*
Cap. XXXI. In natali Omnium Sanctorum. Evangelium secundum Johannem. *Respiciens Jhesus.*
Cap. XXXII. In natali sancti Martini. Evangelium secundum Matheum. *Homo quidam p.*
Cap. XXXIII. In natali sancti Andreae. Evangelium secundum Matheum. *Ambulans Jhesus.*
Cap. XXXIIII. In dedicatione ecclesiae. Evangelium secundum Lucam. *Non est enim arbor.*

Les cinquante feuillets qui forment le corps du manuscrit (fol. 7-56) renferment les textes correspondant aux vingt premiers articles de la table. La fin, c'est-à-dire le texte des évangiles numérotés XXI-XXXIIII, a disparu. Ainsi, nous ne possédons plus qu'un peu moins des deux tiers du manuscrit primitif.

La copie a été exécutée avec le plus grand luxe. Le texte est entièrement en onciales, presque toujours sur un fond pourpré, le plus souvent en or, parfois en argent. Sur certaines pages les lignes d'or alternent avec les lignes d'argent. Il y a des exemples de caractères d'or appliqués directement sur le parchemin non teinté. Çà et là, quelques mots sont tracés en or ou en argent sur des bandes vertes. Beaucoup de titres sont en capitales classiques, alternativement rouges et vertes.

D'habiles artistes ont dessiné et peint les titres et les premiers mots de chaque évangile ; ils se sont ingéniés à tracer des encadrements variés autour de toutes les pages, à l'exception de la première.

Les traits qui forment la charpente ou la bordure des encadrements et des plus grandes lettres sont d'ordinaire des bandes d'or ou d'argent cernées tantôt d'un simple filet rouge, tantôt d'un double filet rouge et noir ou bistre, tantôt d'un double filet rouge et blanc.

Les motifs d'ornements qui reviennent le plus souvent dans les encadrements et dans les grandes lettres sont des entrelacs, des feuillages, des palmettes, des rinceaux, des têtes de cygnes et des oiseaux fantastiques dont le corps est formé de lignes très fines et très contournées.

Il faut admirer avec quel goût la décoration a été disposée pour que les deux pages qu'on voit en même temps quand le volume est ouvert forment toujours deux pendants dont les lignes et les couleurs sont en parfaite harmonie.

Les pages dont la décoration m'a paru le plus remarquable sont les suivantes :

Fol. 7 v°. Page remplie par les premiers mots de l'évangile de saint Jean : INITIVM || SCI EVL || SCDM || IOHAN, en grandes capitales dorées, hautes de 11 millimètres. Deux des signes d'abréviation sont formés de gros traits, terminés l'un par des boules, l'autre par des pointes de flèches. Aux angles de l'encadrement, dans des médaillons carrés, sont peints sur fond vert les emblèmes des évangélistes.

Fol. 8 (voyez la planche I). Page remplie par les mots : IN || PRIN || CIPIO. Lettres à traits rectangulaires terminés en pointes de flèches. Têtes de cygnes à l'extrémité inférieure du premier jambage et à l'extrémité supérieure du second jambage de la lettre N dans le mot IN. Aux angles de l'encadrement, dans des médaillons carrés, sont représentés les quatre évangélistes, sur fond bleu ; le dessin et le coloris de ces quatre petits tableaux rappellent les grandes figures des évangélistes qui ornent plusieurs des plus beaux livres d'évangiles de l'époque carlovingienne.

Dans l'encadrement de cette page et dans l'initiale I, comme dans beaucoup d'endroits de l'évangéliaire de Saint-Vaast, il convient d'appeler l'attention sur l'aisance avec laquelle l'artiste a tracé, comme en se jouant, des entrelacs fort compliqués, genre d'ornement qu'on trouve assurément dans tous les temps et dans tous les pays[1], mais qui n'a jamais été appliqué avec plus de bonheur que par les artistes irlandais ou anglo-saxons, comme Giraud le Cambrien[2] le faisait observer en termes pittoresques vers la fin du XIIe siècle :

... Tam delicatas et subtiles, tam actas et arctas, tam nodosas et vinculatim colligatas, tamque recentibus adhuc coloribus illustratas, notare poteris intricaturas, ut vere hæc omnia angelica potius quam humana diligentia jam asseveraveris esse composita.

Fol. 10 v°. Grand E oncial, à têtes de cygnes, sur la traverse duquel est appliqué un C carré dont les deux extrémités sont terminées en pointes de flèches.

Fol. 13 (voyez la planche II). Grand S à traits rectangulaires terminés en pointes de flèches. Sous le double arceau qui forme la partie supérieure de la bordure de la page, se voient, la tête en bas, deux grands oiseaux bariolés de jaune, de rose et de vert, dans le genre de ceux que nous offrent quelques manuscrits mérovingiens. Les lettres sont des capitales alternativement rouges et vertes : SE || *QVE* || RE || *ME.* || CON || *VERSVS* (dans cette transcription les capitales penchées représentent les lettres vertes du manuscrit).

Fol. 15 (voyez la planche III). Cette page, l'une des plus curieuses et des plus caractéristiques du volume, mérite de nous arrêter quelques instants. Les détails qu'il y faut surtout remarquer sont au nombre de six :

1° Grand A, dont la traverse est brisée et disposée de façon à donner au centre de la lettre l'apparence d'un losange, dans lequel est inscrite une croix.

2° Aux lignes 1 et 3, l de forme minuscule, arrondie par le bas, comme dans plusieurs

---

1. Voyez le mémoire de M. Eug. Müntz, intitulé *La miniature irlandaise et anglo-saxonne au IXe siècle*, p. 135-164 du volume publié par le même auteur sous le titre de *Études iconographiques et archéologiques sur le moyen âge*. Paris, 1887, in-12.

2. Cité par Westwood, dans un mémoire intitulé *On the distinctive character of the various styles of ornamentation employed by the early british, anglo-saxon and irish artists*, qui fait partie du n° 40 de *The archæological journal*.

manuscrits irlandais ou anglo-saxons (les évangiles de Kells, ceux de Lindisfarne, ceux de Cantorbéry, le Cassiodore de Durham, etc.[1]).

3° A la ligne 3, U formé de deux traits verticaux réunis à la base par un trait horizontal qui coupe les deux premiers à angle droit[2]. — Un U semblable se voit à la ligne 5 du fol. 416 de la seconde bible de Charles le Chauve[3]. — L'U a la même forme dans plusieurs beaux manuscrits irlandais ou anglo-saxons, tels que les évangiles de Kells[4] et ceux de Lindisfarne[5].

4° A la même ligne, au-dessus des lettres DNI, signe abréviatif affectant la forme d'un poisson.

5° A la ligne 4, deux PP en forme de Π grec. La même particularité s'observe dans le mot ΠASSIONES, au fol. 11 d'un livre de prières écrit en Angleterre au viii° siècle, ms. harléien n° 2965[6]. — Il y a d'autres exemples de l'emploi des lettres grecques dans les manuscrits anglo-saxons; ainsi, les évangiles de Lindisfarne nous offrent le mot FILII écrit par un Φ[7].

6° A la ligne 5 (ruit in), trois lettres, U, T et N, ont été empruntées à l'alphabet runique.

Fol. 17 v°. Grand P analogue à celui du fol. 421 de la seconde bible de Charles le Chauve[8]; il en diffère toutefois par un rameau qui occupe la panse de la lettre, tandis que la panse du P de la bible est remplie par une sorte d'oiseau fantastique.

Fol. 19. Grand C analogue à celui du fol. 293 v° de la seconde bible de Charles le Chauve[9].

Fol. 22 v°. Grand V formé de deux montants verticaux, reliés en bas par deux gros traits semi-circulaires se pénétrant l'un l'autre et terminés en têtes de cygnes; un I est inscrit entre les deux montants du V.

Les colonnes qui forment l'encadrement de cette page (fol. 22 v°), de même qu'aux encadrements de trois autres pages (fol. 23, 50 v° et 51), sont supportées par des espèces de dragons, à formes grêles et contournées, tout à fait semblables aux bêtes qui servent de bases de colonnes au troisième canon des évangiles, sur le fol. 352 v° de la seconde bible

---

1. Voyez les fac-similés de ces mss. dans le recueil de la Société paléographique.
2. Il y a un U analogue à la dernière ligne du fol. 37.
3. *Peintures et ornements des manuscrits*, par le comte de Bastard, pl. 178. — Pl. 27 du recueil relatif à la Bible de Charles le Chauve.
4. Recueil de la Société paléographique, planche 89; dans les exemplaires classés, t. II, planche 46.
5. Ibid., planche 4; dans les exemplaires classés, t. II, planche 51. — *Catalogue of ancient mss. in the British museum, latin*, planche 9.
6. *Catalogue of ancient mss. in the British museum, latin*, planche 22.
7. Recueil de la Société paléographique, planche 4; exemplaires classés, t. II, planche 51.
8. *Grammatographie*, par Jorand, planche 39.
9. *Ibid.*, planche 5.

de Charles le Chauve[1]. Il y a encore des motifs analogues dans l'intérieur d'un grand E, au fol. 80 de cette même bible de Charles le Chauve[2].

Fol. 24. Grand D à entrelacs. — A la deuxième ligne, lettres d'argent à traits rectangulaires, notamment un D en forme de parallélogramme allongé dont la ligne supérieure déborde à gauche.

Fol. 26. Grand S à entrelacs. — A la dernière ligne un C carré.

Fol. 28 v° (voyez la planche IV). — Titre en capitales classiques, rouges aux lignes 1, 3 et 5, dorées aux lignes 2, 4 et 6. Les bandes de l'encadrement sont formées d'entrelacs réservés en blanc sur un fond noir ou bistre. — Au milieu de chacune des quatre bandes, médaillons à entrelacs blancs sur un fond de plaques rouges, vertes et jaunes; dans les médaillons du haut et du bas, oiseau fantastique dont le corps démesurément allongé est contourné sur lui-même. — A chacun des quatre coins de l'encadrement, l'enlumineur a tracé un compartiment terminé à l'intérieur par un angle aigu et à l'extérieur par un demi-cercle; de l'angle de ces compartiments partent deux tiges dont l'une se termine par une tête de cygne et l'autre par un rinceau, disposition qui se retrouve sur l'encadrement d'un certain nombre de pages du manuscrit. On la voit également au fol. 11 de la seconde bible de Charles le Chauve[3], et dans plusieurs livres d'évangiles carlovingiens, le n° 257 du fonds latin de la Bibliothèque nationale[4], le n° 357 de la bibliothèque de Lyon[5], le n° 309 de la bibliothèque de Cambrai[6], et le manuscrit de l'abbaye d'Egmond passé à la Bibliothèque royale de La Haye[7].

Fol. 29. Grand P offrant quelque ressemblance avec celui du fol. 17 v°. Les lignes 1 et 4 sont en rouge, les lignes 2 et 5 en or, les lignes 3 et 7 en vert, les lignes 4 et 8 en argent. — Cette page, comme celle qui lui fait face (fol. 28 v°), est remarquable par la finesse des ornements qui décorent les quatre médaillons circulaires de chaque encadrement.

Fol. 31. Grand S traversé par un I.

Fol. 34. Grand H tout à fait semblable à celui du fol. 30 de la seconde bible de Charles le Chauve[8].

---

1. *Grammatographie* de Jorand, planche 65. — *Peintures et ornements des manuscrits*, par le comte de Bastard, planche 181, première et dernière figure de la seconde rangée des ornements reproduits sur cette planche; la même planche est sous le n° 29 du recueil relatif à la bible de Charles le Chauve.
2. Planche 11 de la *Grammatographie*. — Planche 180 du grand ouvrage de M. le comte de Bastard et 28 du recueil relatif à la bible de Charles le Chauve.
3. *Grammatographie* de Jorand, planche 25.
4. *Peintures et ornements des manuscrits*, par le comte de Bastard, planche 182.
5. Planches IX et X de l'atlas joint à mon *Mémoire sur d'anciens sacramentaires*.
6. Planche I de l'album joint à l'ouvrage de M. Durieux, *Les miniatures des manuscrits de la bibliothèque de Cambrai*.
7. Planche IV du second volume des *Huissittend Leeven* de Henrik van Wyn.
8. *Grammatographie* de Jorand, planche 19.

Fol. 37. Grand A à traverse droite.

On remarque aux lignes 3 et 5 de la même page un *f* et un *s*, dont la forme appartient à l'alphabet minuscule, mais dont la taille (14 millimètres de haut) égale celle des grandes lettres capitales ou onciales auxquelles ces deux caractères sont mêlés. Des *r* minuscules ayant les mêmes proportions se voient sur les fol. 5 v° et 261 v° de la seconde bible de Charles le Chauve[1].

La lettre S qui termine la troisième ligne est formée de cinq traits rectilignes et ressemble assez à un X dont les traverses seraient réunies en haut et en bas par un trait horizontal. Ce caractère est à rapprocher des S qui se voient au fol. 216 v° de la seconde bible de Charles le Chauve[2] et dans les Évangiles de Lindisfarne[3].

A propos de cette page (fol. 37), je dois encore faire observer que l'A qui est à la fin de la dernière ligne est un A capital dont la tête se termine par un triangle de même dimension que le triangle formé par la rencontre de la traverse avec les montants de la lettre. De grands A sont figurés de la même façon à plusieurs endroits de la seconde bible de Charles le Chauve, fol. 5 v°, 68, 99, 112, 163 v°, 355, 416, 433 v°, 435 et 436[4].

Fol. 40. Grand V, dont les extrémités se terminent en têtes de cygnes et à l'intérieur duquel est un E oncial.

Fol. 43 (voyez planche V). Sur un fond de marqueterie à hachures rouges se détachent les mots IN ILLO TEMPORE en grandes lettres d'or, hautes de 40 millimètres, enclavées et combinées de manière à former une frise d'arabesques. — Au-dessous, très grand M oncial, dont l'intérieur est rempli d'entrelacs très fins et très compliqués, et sur lequel est fixée une bande pourprée renfermant en capitales rustiques la légende ARIA · MAGDALENAE.

Fol. 45. Grand C, dont les extrémités sont ornées de têtes de cygnes.

Fol. 47 v°. Grand R, disposé d'après les mêmes principes que les P des fol. 17 v° et 29.

Fol. 49 v°. Grand S, dont l'intérieur est rempli de hachures formant des compartiments de marqueterie ; il est peint sur un fond vert.

Fol. 51 v°. Grand S semblable à celui du fol. 49 v°.

Fol. 54. Les premiers mots de l'évangile ERAT HOMO || EX PHARI || SEIS NI ||..... sont en lettres à traits rectangulaires, rouges ou verts, sur fond vert ou rouge à hachures en marqueterie. — Dans le mot HOMO, le premier O est placé au-dessus de la panse d'un H oncial, et le second est passé comme un anneau autour du dernier jambage d'un grand M appartenant par sa forme à l'alphabet minuscule. — Les chapiteaux des colonnes qui

---

1. *Grammatographie* de Jorand, planches 16 et 59.
2. *Ibid.*, planche 34.
3. Recueil de la Société paléographique, planche 4 ; exemplaires classés, t. II, planche 51.
4. Planches 14, 16, 17, 20, 28, 41, 43, 46 et 62 de la *Grammatographie* de Jorand. — Planche 178 des *Peintures et ornements des manuscrits*, du comte de Bastard ; planche 27 des *Peintures, ornements, écritures et lettres initiales de la bible de Charles le Chauve*.

forment l'encadrement de cette page et de celle qui lui fait face (fol. 53 v°) supportent de grands oiseaux bariolés dont la tête rappelle celle du corbeau.

D'après ce qui vient d'être dit des types d'ornements, de l'emploi des têtes de cygnes et des entrelacs, de la taille et de la forme des principales initiales, des lettres à traits rectangulaires terminés en pointes de flèches, des signes abréviatifs ornés de pointes de flèches ou de boules, des fonds hachés à compartiments de marqueterie, on voit que l'évangéliaire de Saint-Vaast d'Arras offre beaucoup d'analogie avec la seconde bible de Charles le Chauve, longtemps conservée au trésor de l'abbaye de Saint-Denis. Il est impossible de se méprendre sur l'air de famille commun à ces deux manuscrits et qui s'observe également dans plusieurs beaux livres carlovingiens, comme je l'ai déjà remarqué en parlant de quelques sacramentaires.

C'est là une question très intéressante pour l'histoire de l'art carlovingien, et je saisis l'occasion d'y revenir qui m'est offerte par l'évangéliaire de la bibliothèque d'Arras. Cet évangéliaire a été exécuté pour l'abbaye de Saint-Vaast. En effet, sur les trente-quatre évangiles dont il devait se composer, deux se récitaient aux deux fêtes de saint Vaast, le 6 février et le 1er octobre. Aucun autre saint ne figure avec un pareil honneur dans la table par laquelle s'ouvre l'évangéliaire.

Destiné à l'abbaye de Saint-Vaast, le livre a dû être exécuté soit dans cette maison, soit dans une église voisine. Il faut tenir grand compte de cette circonstance pour déterminer la région à laquelle appartient la classe de monuments calligraphiques dont l'exemple le plus parfait est la seconde bible de Charles le Chauve. Cette donnée s'accorde d'ailleurs à merveille avec ce que nous savons de l'origine de plusieurs autres manuscrits de la même famille.

Je connais actuellement dix-neuf volumes qui, d'après le style des ornements et des grandes lettres peintes, doivent se grouper à côté de la seconde bible de Charles le Chauve. La liste de ces magnifiques produits de l'art du IXe siècle peut se présenter comme il suit :

I. Bible offerte à Charles le Chauve et longtemps conservée dans l'abbaye de Saint-Denis; ms. n° 2 du fonds latin de la Bibliothèque nationale. Le style des grandes lettres de cet admirable volume peut être apprécié à l'aide des ouvrages suivants : *Grammatographie du IXe siècle*, par Jorand (Paris, 1837, in-4°) ; — *Paléographie universelle*, par Silvestre, planche 171 ; — *Peintures et ornements des manuscrits*, par le comte de Bastard, planches 177-181 (quatre de ces planches, les n°s 178-181, sont comprises dans le recueil du même auteur intitulé : *Peintures, ornements, écritures et lettres initiales de la Bible de Charles le Chauve conservée à Paris*) ; — *Mémoire sur d'anciens sacramentaires*, par L. Delisle, planche XI de l'atlas joint aux *Mémoires de l'Académie des inscriptions*, t. XXXII, 1re partie.

II. Les quatre évangiles ; ms. latin 257 de la Bibliothèque nationale, qui a été indûment cité sous le titre de « Évangiles de François II. » M. le comte de Bastard a consacré à ce manuscrit les planches 182-188 de son grand ouvrage[1]; la troisième de ces planches, le n° 184, a été insérée à la fin du recueil intitulé : *Peintures, ornements, écritures et lettres initiales de la Bible de Charles le Chauve conservée à Paris.*

III. Les quatre évangiles; ms. 357 de la bibliothèque de Lyon. Deux pages caractéristiques de ce manuscrit ont été reproduites dans l'atlas joint à mon *Mémoire sur d'anciens sacramentaires*, planches IX et X.

IV. Les quatre évangiles; manuscrit de la cathédrale de Cambrai, aujourd'hui n° 309 de la bibliothèque de Cambrai. La page contenant le mot LIBER, commencement de l'évangile de saint Mathieu, est reproduite dans l'ouvrage de M. Durieux, *Les miniatures des manuscrits de la bibliothèque de Cambrai, Album*, planche I. Elle est identique à la page correspondante des évangiles, n° 257 du fonds latin de la Bibliothèque nationale, et à celle des évangiles, n° 357 de la bibliothèque de Lyon.

V. Les quatre évangiles; ms. latin 48 de la bibliothèque de Leyde. M. le docteur de Vries, conservateur des manuscrits de ce dépôt, a bien voulu m'en envoyer une notice, avec le calque des fol. 13 verso et 14, qui contiennent le titre et le premier mot LIBER de l'évangile de saint Mathieu. Ces deux pages sont tout à fait semblables aux deux pages correspondantes des deux exemplaires des évangiles qui viennent d'être indiqués.

VI. Les quatre évangiles; manuscrit de la bibliothèque royale de La Haye, venu de l'abbaye d'Egmond, à laquelle il avait été donné, dans la seconde moitié du Xe siècle, par Thierri II, comte de Hollande, mort en 988. Le donateur y avait fait ajouter son portrait et celui de la comtesse Hildegarde, sa femme. Les fac-similés que Henrik van Wyn a publiés en 1812 dans le tome II de *Huiszittend Leeven* font saisir l'analogie des peintures et des ornements des évangiles de l'abbaye d'Egmond avec les peintures et les ornements des évangiles précédents. Un travail plus récent, que je n'ai pas vu, a été consacré à ce manuscrit par M. Vosmaer (*Over Kunst;* Leyde, 1883).

---

1. Voici l'indication des pages ou des portions de pages de ce beau manuscrit auxquelles se rapportent les planches de M. de Bastard :
Pl. 182. Fol. 12 v° et 13.
Pl. 183. Fol. 14 et 26.
Pl. 184. Fol. 147 v° et 148.
Pl. 185. Fol. 60 v°, 94 v°, avec les médaillons symboliques des fol. 61 et 95.
Pl. 186. Fol. 8 et 9 v°.
Pl. 187. Fol. 10 v° et 11 v°.
Pl. 188. Fol. 96 au milieu de la planche; — à gauche, partie de l'encadrement du fol. 61 v° et fragment du canon du fol. 6 v°; — à droite, fragment du canon du fol. 8 v° et partie de l'encadrement du fol. 149.

VII. Les quatre évangiles; manuscrit du musée archiépiscopal d'Utrecht, venu de l'église de Saint-Libuinus à Déventer. La ressemblance de ce beau volume avec les manuscrits dont je m'occupe m'a été signalée par M. le docteur de Vries.

VIII. Les quatre évangiles; manuscrit de la bibliothèque royale de Berlin, n° 253 du fonds Hamilton, jadis à l'usage de l'abbaye de Stavelot. L'analogie de ce manuscrit avec la bible de Charles le Chauve venue de Saint-Denis a été signalée, en 1883, dans le *Neues Archiv* (t. VIII, p. 337), par M. le professeur W. Wattenbach, qui depuis a bien voulu vérifier que l'écriture du texte courant du même livre est bien semblable à celle du Sacramentaire n° 2290 du fonds latin de la Bibliothèque nationale, mentionné un peu plus loin.

IX. Évangéliaire de Saint-Vaast d'Arras, qui a fourni le sujet de ce mémoire et qui porte le n° 1045 à la bibliothèque d'Arras.

X. Psautier conservé dans la bibliothèque de l'université de Leipzig, cité par M. Westwood[1] comme un des plus beaux exemples de la classe des « manuscrits français, ornés dans le style hiberno-saxon, auxquels a été appliqué le nom de franco-saxon. » Une peinture en a été reproduite par J. de Hefner[2], qui la donne comme un monument du XI° siècle.

XI. Sacramentaire de l'abbaye de Saint-Amand; ms. de la bibliothèque royale de Stockholm. Ce volume, l'un des meilleurs types de la calligraphie franco-saxonne, est décrit dans mon *Mémoire sur d'anciens sacramentaires*, p. 106-116; deux pages en sont reproduites sur les planches VII et VIII de l'atlas joint audit mémoire. M. le professeur W. Wattenbach l'avait déjà signalé, en 1875, dans *Anzeiger für Kund der Deutschen Vorzeit*, année 1875, col. 37-40.

XII. Sacramentaire à l'usage de l'église de Noyon; ms. n° 320-272 de la bibliothèque de Reims. Les deux pages qui en ont été reproduites dans la *Paléographie universelle* (planches 224 et 225) avaient suffi à sir Frédéric Madden[3] pour établir la parenté de ce manuscrit avec la seconde bible de Charles le Chauve. Voyez aussi mon *Mémoire sur d'anciens sacramentaires*, p. 116-122.

XIII. Sacramentaire de l'église de Cambrai; aujourd'hui n° 158 des manuscrits de la bibliothèque de Cambrai. Un fac-similé du mot TE du canon de la messe a été donné par M. Durieux dans l'ouvrage intitulé : *Les miniatures des manuscrits de la bibliothèque de*

1. *Fac-similes of the miniatures and ornaments of anglo-saxon and irish manuscripts*, Introduction, p. IX.
2. *Costume du moyen âge chrétien*, édition française, t. I, p. 120, planche 88.
3. *Universal Palæography*, t. II, p. 622, note.

Cambrai, *Album*, planche I, et par M. le chanoine Dehaisnes, dans son *Histoire de l'art dans la Flandre*, planche en regard de la p. 74.

XIV. Sacramentaire provenu de l'abbaye de Saint-Denis; ms. latin 2290 de la Bibliothèque nationale. On peut apprécier le genre de décoration de ce beau manuscrit d'après le fac-similé que M. le comte de Bastard a fait lithographier des fol. 17 v°-24 v°, et d'après l'héliogravure du fol. 19 qui forme la planche V de l'atlas joint à mon *Mémoire sur d'anciens sacramentaires*. Voyez ledit mémoire, p. 102-105.

XV. Fragment de sacramentaire conservé à la bibliothèque impériale de Vienne, n° 958. La description de Michel Denis[1] et des notes très détaillées qu'a bien voulu me communiquer M. le docteur von Birk prouvent jusqu'à la dernière évidence que ce précieux débris est tout à fait semblable à la partie correspondante du ms. latin 2290 de la Bibliothèque nationale dont il a été question tout à l'heure. Le fragment conservé à Vienne appartenait jadis à une église dans laquelle saint Lambert était honoré d'un culte particulier, peut-être à celle de Liège. Voyez mon *Mémoire sur d'anciens sacramentaires*, p. 105 et 106.

XVI. Sacramentaire de l'église de Tournai, conservé à la bibliothèque impériale de Saint-Pétersbourg. La décoration en est absolument semblable à celle des sacramentaires qui viennent d'être décrits. Voyez mon *Mémoire sur d'anciens sacramentaires*, p. 396-400.

XVII. Sacramentaire conservé au musée épiscopal de Harlem. M. le docteur du Rieu, bibliothécaire en chef de l'Université de Leyde, a bien voulu me le signaler, en déclarant que la décoration en était pareille à celle du sacramentaire de Saint-Amand possédé par la bibliothèque royale de Stockholm.

XVIII. Recueil de canons, manuscrit de la bibliothèque de Laon, n° 199, jadis à la cathédrale de Laon, à laquelle il avait été donné un peu avant la fin du IX° siècle par l'évêque Didon : « Hunc librum dedit domnus Dido episcopus Deo et Sanctae Mariae. Si quis abstu-
« lerit, iram Dei et ejusdem genitricis offensam incurrat. »

On y remarque, au fol. 4, un P haut de 175 millimètres, bordé d'un pointillé rouge, dont les traits principaux se composent de compartiments d'entrelacs, et dont l'extrémité inférieure, comme aussi la volute de la panse, se termine par une tête de monstre. Cette lettre gigantesque a été reproduite par Édouard Fleury[2], qui n'a pas manqué[3] d'en rappro-

---
1. *Codices mss. theologici bibliothecae palatinae Vindobonensis latini*, II, 2039, n° DCCCXXX.
2. *Les manuscrits à miniatures de la bibliothèque de Laon*, planche 8 *bis*.
3. *Ibid.*, p. 30, note.

cher un grand P de la seconde bible de Charles le Chauve, celui du fol. 421, lithographié sur la planche 39 de la *Grammatographie* de Jorand.

XIX. Commentaire de saint Ambroise sur l'épître de saint Paul aux Romains. Ms. 107 de la bibliothèque de Laon, jadis à la cathédrale de cette ville.

Au fol. 2 v°, le grand monogramme qui représente le mot PAVLVS a une tournure franchement saxonne. L'intérieur des traits principaux est rempli d'entrelacs; les contours sont bordés d'un pointillé. L'ornement formé de losanges et de cercles qui occupe le milieu de la partie inférieure du monogramme rappelle l'ornement qui se voit dans la seconde bible de Charles le Chauve entre les deux montants du grand U du fol. 261 v° (planche 59 de Jorand). Ce curieux monogramme a été décrit et reproduit par Ed. Fleury dans l'ouvrage intitulé : *Les manuscrits à miniatures de la bibliothèque de Laon*, p. 33 et planche 3 ter.

La plupart des manuscrits précédents viennent d'églises situées dans le nord de la France et dans les Pays-Bas. Tous ceux dont les anciennes origines peuvent être déterminées appartiennent à des pays compris dans l'Ile-de-France, la Picardie, l'Artois, la Flandre et les Pays-Bas. Nous en constatons la présence, à des dates très reculées, dans les églises de Laon, de Saint-Denis, de Noyon, d'Arras, de Cambrai, de Saint-Amand, de Tournai, de Stavelot, de Liège (?), d'Egmond et de Deventer. Ces noms indiquent assurément la région dans laquelle ont dû être faits les manuscrits dont nous nous occupons. C'est donc, selon toute apparence, dans la partie septentrionale des anciennes provinces de Sens et de Reims qu'ont été exécutés les beaux manuscrits à peintures dont la seconde bible de Charles le Chauve est le type le plus remarquable.

Reste à fixer la dénomination qui convient le mieux aux écoles d'où sont sortis tant de chefs-d'œuvre calligraphiques.

Les Bénédictins, quand ils ont parlé des grandes lettres de la deuxième bible de Charles le Chauve[1], ont employé le terme de « écriture saxonne françoise. » Les auteurs de la *Paléographie universelle*[2] ont qualifié de « écriture saxonne d'imitation » les caractères du sacramentaire de la bibliothèque de Reims, et sur les planches des *Peintures et ornements des manuscrits* relatives à la deuxième bible de Charles le Chauve et aux évangiles n° 257 du fonds latin de la Bibliothèque nationale, M. le comte de Bastard a fait inscrire les légendes « Écriture franco-saxonne, Initiales franco-saxonnes, Ornements franco-saxons,

---

1. *Nouveau traité de diplomatique*, t. III, p. 87.
2. Titre mis en tête de la première planche consacrée au sacramentaire de la bibliothèque de Reims; cette planche est la 224° de l'ouvrage.

« Style franco-saxon, » ce qui est l'équivalent des termes adoptés par les Bénédictins et par les auteurs de la *Paléographie universelle*. M. Westwood[1] a accepté sans observations la dénomination choisie par M. le comte de Bastard.

Le terme franco-saxon, déjà consacré par d'aussi respectables autorités, mérite d'être conservé. En effet, il rappelle à la fois le royaume de France, où d'habiles calligraphes et enlumineurs employèrent ce genre d'écriture pour l'exécution d'ouvrages d'un luxe exceptionnel, et la nation saxonne, à laquelle appartenaient les artistes dont les œuvres servirent de modèles à une de nos grandes écoles du IX⁰ siècle.

Que les manuscrits dont il est ici question aient été exécutés dans le nord de la France, c'est ce qui résulte évidemment des origines qui ont été assignées à plusieurs d'entre eux d'après des documents authentiques. Il n'est pas moins évident que la décoration de ces mêmes manuscrits doit être rattachée aux écoles d'art qui brillaient alors d'un si vif éclat dans la Grande-Bretagne. Pour s'en convaincre, il suffit de comparer les fac-similés de nos manuscrits français ci-dessus mentionnés avec les fac-similés des manuscrits anglais publiés dans le grand ouvrage de Westwood, dans le recueil de la Société paléographique et dans le Catalogue des anciens manuscrits latins du Musée britannique.

Les calligraphes franco-saxons se sont assurément inspirés des œuvres des artistes de la Grande-Bretagne pour la décoration de leurs manuscrits. Mais leurs emprunts n'ont point porté sur l'écriture proprement dite. Le texte courant des livres sortis des écoles que j'essaie de faire connaître n'a rien de commun avec les caractères anglo-saxons. C'est une minuscule caroline, très pure, très droite et très régulière. M. le comte de Bastard en a fait reproduire une page (planche 183), d'après le livre des évangiles, ms. latin 257 de la Bibliothèque nationale, et, dans mon *Mémoire sur d'anciens sacramentaires*, j'en ai donné de bons modèles d'après la seconde bible de Charles le Chauve et d'après le sacramentaire ms. latin 2290 de la Bibliothèque nationale. On y pourra joindre le fac-similé d'une page de la bible de Saint-Paul hors les murs, que l'inépuisable obligeance de Son Éminence le cardinal Pitra m'a permis de faire exécuter à Rome en 1885, et que j'ai cru pouvoir insérer à la fin de cette notice. En effet, la bible de Saint-Paul, l'un des plus remarquables produits de l'art carlovingien, se rattache par les caractères du texte courant et de plusieurs grandes initiales au groupe de manuscrits que je viens d'étudier, quoique l'ensemble des peintures dont il est orné soit d'un style assez différent. Les dessins de Seroux d'Agincourt[2] et surtout les photographies de Parker[3] ont fait connaître les peintures et les ornements de la bible de Saint-Paul ; la repro-

---

1. *Fac-similes of the miniatures and ornaments of anglo-saxon and irish mss.*, Introduction, p. IX.
2. *Histoire de l'art par les monuments*, t. II, Peinture, p. 59-62 ; t. III, Peinture, table des planches, p. 47-52 ; t. V, planches XL-XLV.
3. *The Bible of the monastery of Saint Paul near Rome*, by J. O. Westwood. Oxford et Londres, 1876, in-4⁰.

duction d'une page du texte donnera le moyen d'en étudier la paléographie. On ne me saura donc pas mauvais gré, je l'espère, d'avoir profité de l'occasion pour appeler l'attention sur un livre contemporain de l'évangéliaire de Saint-Vaast, qui a droit d'occuper une des premières places dans la série des chefs-d'œuvre de la peinture et de la calligraphie française au temps de Charles le Chauve.

CANTICA

sermones recussimus soniertate planos. Verba sapientium sicut stimuli
& quasi claui in altum defixi: quae per magistrorum consilium data sunt a pas-
tore uno. His amplius fili ne requiras. Faciendi plures libros nullus est
finis frequens q̄ meditatio carnis afflictio est.
Finem loquendi omnes pariter audiamus. Dm̄ time & mandata illius obser-
ua. hoc enim est omnis homo & cuncta quae fiunt adducet ds̄ in iudicium pro omni erra-
to siue bonum siue malum sit.

EXPLICIT LIB ECCLESIASTES
VERSUS NUMERO DCCC
INCIPIUNT CANTICA
CANTICORUM QUOD HEBRAICAE
DICITUR SYRA SIRIM

VOX OP   **TANTIS**
XP̄I   ADUEN
                                TU

S
CULETUR
MEOS CULO ORIS SUI
quia meliora sunt ubera tua uino. Flagrantia unguentis optimis.
Oleum effusum nomen tuum. Ideo adolescentulae dilexerunt te.
Trahe me post te. curremus in odore
unguentorum tuorum
Introduxit me rex in cellaria sua.
Exultabimus & laetabimur in te memores uberum tuorum super uinum.
recti diligunt te.   **VOX SYNAGOGAE**
Nigra sum sed formosa filiae hierusalem sicut tabernacula cedar sicut
pelles salomonis. Nolite me considerare quod fusca sim quia decolorauit me
sol. filii matris meae pugnauerunt contra me
posuerunt me custodem in uineis uineam meam non custodiui. **VOX ECCL AD**
Indica mihi quem diligit anima mea. ubi pascas ubi cubes in meridie xp̄m. **PM**
ne uagari incipiam per greges sodalium tuorum.**VOX XP̄I AD ECCL AM**
Si ignoras te o pulchra inter mulieres egredere & abi post uestigia gregum
& pasce haedos tuos iuxta tabernacula pastorum. Equitatui meo in curribus
pharaonis assimilaui te amica mea. Pulchrae sunt genae tuae sicut tur-
turis collum tuum sicut monilia. **VOX AMICORUM**
Murenulas aureas faciemus tibi uermiculatas argento.

VOX ECCLAE DEX TO
Dum esset rex in accubitu suo. nardus mea dedit odorem suum. Fasciculus
myrrae dilectus meus mihi. Inter ubera mea commorabitur. Botrus cypri
dilectus meus mihi in uineis engaddi. **VOX XP̄I**
Ecce tu pulchra es amica mea. ecce tu pulchra. oculi tui columbarum. **VOX ECCL**
Ecce tu pulcher es dilecte mi & decorus. Lectulus noster floridus. tigna
domorum nostrarum cedrina. Laquearia nostra cypressina. **VOX XP̄I**
Ego flos campi & lilium conuallium. Sicut lilium inter spinas sic amica mea
inter filias.   **VOX ECCLESIAE**
Sicut malum inter ligna siluarum sic dilectus meus inter filios. Sub umbra
illius quam desideraui sedi & fructus eius dulcis gutturi meo. Introduxit
me in cellam uinariam ordinauit in me caritatem. Fulcite me floribus stipa-
te me malis quia amore langueo. Laeua eius sub capite meo & dextera illius
amplexabitur me. **VOX XP̄I**
Adiuro uos filiae hierusalem per capreas ceruosq̄ camporum. ne suscitetis
neq̄ euigilare faciatis dilectam quoadusq̄ ipsa uelit. **VOX ECCLAE**
Vox dilecti mei. Ecce iste uenit saliens in montibus transiliens colles.
Similis est dilectus meus capreae hinnuloq̄ ceruorum. En ipse stat post pa-
rietem nostrum despiciens per fenestras. prospiciens per cancellos. Ecce
dilectus meus loquitur mihi. Surge propera amica mea. columba mea. formosa mea & ueni. Iam enim hiemps transiit. Imber abiit & recessit.
Flores apparuerunt in terra nostra. tempus putationis aduenit. Vox tur-
turis audita est in terra nostra. ficus protulit grossos suos. uineae flo-
rentes dederunt odorem. **VOX XP̄I**
Surge amica mea. speciosa mea. & ueni columba mea. In foraminibus petrae
in cauerna maceriae. Ostende mihi faciem tuam. sonet uox tua in auribus meis
Vox enim tua dulcis & facies tua decora. **VOX AD UERS HERESIS**
Capite nobis uulpes paruulas quae demoliuntur uineas. nam uinea nostra
floruit.   **VOX ECCLAE**
Dilectus meus mihi & ego illi. Qui pascitur inter lilia donec aspiret dies
& inclinentur umbrae. Reuertere similis esto dilecte mi capreae
aut hinnulo ceruorum super montes bethel. **VOX ECCL ELECTAE DE GEN**
In lectulo meo per noctes quaesiui quem diligit anima mea. quaesiui illum
& non inueni. Surgam & circuibo ciuitatem. per uicos & plateas quaeram
quem diligit anima mea. quaesiui illum & non inueni. Inuenerunt me
uigiles qui custodiunt ciuitatem. **ECCLA DE XP̄O DICIT**
Num quem dilexit anima mea. uidistis? paululum cum pertransissem eos
inueni quem diligit anima mea. Tenui eum nec dimittam donec intro-
ducam illum in domum matris meae & in cubiculum genetricis meae.
Adiuro uos filiae hierusalem per capreas ceruosq̄ caprum. **VOX XP̄I**
ne suscitetis. neq̄ euigilare faciatis dilectam donec ipsa uelit. **SENA**
Quae est ista. quae ascendit per desertum sicut uirgula fumi ex **COGA DE ECCL**
aromatibus myrrae & turis & uniuersi pulueris pigmentarii. **VOX ECCL**
En lectulum salomonis sexaginta fortes ambiunt ex fortissimis israel o-
mnes tenentes gladios & ad bella doctissimi. Uniuscuiusq̄ ensis super femur
suum propter timores nocturnos. Ferculum fecit sibi rex salomon
libani. **DE XP̄O DICIT**
Columnas eius fecit argenteas. reclinatorium aureum. ascensum purpu-
reum. media caritate constrauit. propter filias hierusalem. **VOX SION**
Egredimini & uidete filiae sion regem salomonem in diademate
quo coronauit eum mater sua in die desponsationis illius & in die laetitiae
cordis eius.   **VOX XP̄I**
Quam pulchra es amica mea. quam pulchra es. Oculi tui columbarum
absq̄ eo quod intrinsecus latet. Capilli tui sicut greges caprarum
quae ascenderunt de monte galaad. Dentes tui sicut greges tonsarum
quae ascenderunt de lauacro. Omnes gemellis foetibus & sterilis non
est inter eas. Sicut uitta coccinea labia tua & eloquium tuum dulce.
Sicut fragmentum mali punici ita genae tuae absq̄ eo quod intrinsecus
latet. Sicut turris dauid collum tuum quae aedificata est cum propug-
naculis. Mille clypei pendent ex ea. omnis armatura fortium.

www.ingramcontent.com/pod-product-compliance
Lightning Source LLC
Chambersburg PA
CBHW070539050426
42451CB00013B/3084